MONUMENTI INEDITI

DE

WINCKELMANN,

OU

Choix de Monumens antiques, les plus précieux & les moins connus, gravés & imprimés au biftre fanguin Anglais :

Avec leurs explications traduites de l'Italien du même Auteur;

Par M. *GRAINVILLE*, *des Académies de Rouen, de Caën,
de celle des Arcades de Rome, & Correfpondant du Mufée
de Bordeaux.*

TOME PREMIER.

Format grand *in-4°.* imprimé fur papier vélin fin.

Chez SIMON, *Graveur, rue du Plâtre Saint Jacques, N°. 7.*

APPROBATION.

J'AI examiné par ordre de Monseigneur le Garde des Sceaux, la traduction des *Monumenti Antichi Inediti* de Winckelmann, par M. Grainville, avec les figures, par M. Simon, Graveur. La grande réputation de l'ouvrage Original, & sa rareté, réunies aux soins des Editeurs françois, peuvent faire regarder cette entreprise comme une des plus utiles & des plus agréables, à tous ceux qui par état ou par goût voudront étendre leurs connoissances sur les antiquités.

Donné à Paris, le 4 Août 1788.

ROBIN.

EXPLICATION DES PLANCHES.

I.

LA premiere eft copiée d'un bas relief de terre cuite qui fe trouve dans la Villa-Albani ; elle repréfente le navire Argo, conftruit par les Argonautes, avec le bois de la forêt du mont Pélion, probablement indiqué par l'arbre qu'on y apperçoit. Ce vaiffeau fut, dit-on, l'ouvrage de Glaucus (1) : ou, fuivant l'opinion la plus accréditée, d'Argo, fils d'Alector ou de Danaüs (2). Quoi qu'il en foit, Pallas avoit fecondé l'un ou l'autre dans fon entreprife ; peut-être même adoptera-t-on le fentiment de ceux qui croient que la Déeffe elle-même (3) conftruifit ce navire ; qu'elle y employa un des chênes oraculaires de Dodone (4), ou feulement qu'elle y attacha l'antenne avec la voile (5), comme ce trait de la Fable paroît repréfenté fur notre monument. Celui qui tient la voile élevée & qui femble aider la Déeffe dans fon travail, eft peut-être Tiphis, le pilote du navire ; l'autre figure qui tient en main un fer & un marteau, repréfente Argo lui-même. La partie du navire à laquelle il travaille, paroît être la pouppe, par la raifon qu'on n'appercevoit que le derriere avec le mât & la voile de ce vaiffeau, placé par Pallas au nombre des conftellations. L'arc ou plutôt l'entrée d'un édifice, pourroit indiquer le temple d'Apollon fur le promontoire de Pagafe en Magnéfie, au pied du mont Pélion (6) où fut conftruit le navire Argo (7).

II.

LA feconde eft un bas relief de la même Villa ; on y voit gravée fur un tronc, une petite ftatue d'Apollon. Des trois figures de femmes, la premiere eft une Mufe couronnée du diadême ; je l'ai citée dans le traité préliminaire ; elle pince de la lyre nommée βάρϐυτος ; la feconde eft Diane, avec un arc & un carquois fur les épaules & une torche allumée dans la main gauche ; le fceptre que porte la troifieme, femble défigner Vefta, comme je le démontrerai au n°. 5. des monumens fuivans.

III.

LA troifieme qui repréfente un bas relief tronqué, fe trouve dans la Villa déja citée. Il eft très-probable qu'elle fervoit d'ornement à un temple ou à un édifice quelconque. On y voit fymboliquement figuré un Rit facré, comme le prouve l'encenfoir que l'enfant ailé tient dans fa main gauche, & la patere que préfente la main qui refte d'une autre figure ; on n'ignore pas en effet que la patere & l'encenfoir étoient des inftrumens deftinés aux cérémonies réligieufes. Chaque maifon en étoit pourvue ; & Cicéron rapporte qu'avant les ravages de Verrès,

(1) Athen. Deipn. l. 7. p. 296. D.
(2) Hygin. fab. 14.
(3) Orph. Argon. v. 66.
(4) Apollon. Argon. l. 1. v. 526,

(5) Val. Flac. Argon. l. 1. v. 526.
(6) Hygin. Aftron. c. 37. Jo. Diac. Schol. in Hefiod. Scut. Herc. p. 194. 6.
(7) Schol. Apollon. Argon. l. 1. v. 238.

presque toutes les maisons en Sicile étoient munies de ces sortes d'instrumens travaillés en argent
(1). Outre la patere & l'encensoir, on avoit ordinairement dans les temples & dans les cha-
pelles pour les cérémonies, une espece de candelabre pareil à celui de notre marbre ; on en
voyoit autrefois deux semblables dans le palais Barberin ; il en existe encore actuellement cinq
dans l'Eglise de sainte Agnès hors des murs ; enfin la Villa-Albani en possede un autre. Presque tous ces candelabres soutenoient une lampe allumée, & d'autres servoient d'autels pour
faire des libations ou pour brûler l'encens, comme on le verra au n°. 186. des monumens
suivans. Le candelabre de notre marbre, à en juger par la patere & l'encensoir, étoit em-
ployé à cet usage. On avoit coutume d'entretenir des lampes allumées devant les simulacres des
divinités, & Pausanias nous apprend que ceux qui venoient consulter l'Oracle de Mercure à
Patras, ville d'Achaïe, mettoient d'abord de l'encens sur un autel, & versoient ensuite de l'huile
dans les lampes du candelabre, parce que cet Oracle rendoit ses réponses de nuit (2). Une
espece de couronne dans l'autre main de l'enfant, indique celles dont on ceignoit les autels,
& dont on voit aussi les candelabres ornés sur plusieurs monumens.

I V.

La quatrieme représente une mosaïque de la Villa-Albani.

V.

J'exposerai dans la Préface mon opinion sur un groupe de deux figures de grandeur natu-
relle, qui se trouve à S. Ildephonse, en Espagne.

V I.

LA sixieme gravure est faite d'après un bas relief du palais Farnèse, ce sujet n'a pas besoin
d'éclaircissement, & je ne l'ai choisi, que parce qu'il est un des plus remarquables qui nous
soient parvenus.

V I I.

La septieme, d'après un bas relief de la Villa du Belvedere à Frascati, représente Achille à
Scyros dans sa premiere jeunesse, & déguisé en femme parmi les filles de Licomede, Roi de
cette île. C'est-là que Thétis, pour le soustraire à l'expédition contre Troye, le transporta après
l'avoir enlevé à Chiron qui s'étoit chargé de son éducation : elle avoit appris par la réponse
de l'Oracle rendue à la tête de l'armée des Grecs, que d'Achille dépendroit le succès de cette
guerre. On sait que le séjour du héros ayant été découvert, Ulysse & Diomede se disposè-
rent à l'en arracher ; mais comme la beauté de ses traits annonçoit également les deux sexes,
& qu'il étoit impossible de le reconnoître parmi les femmes de cette Cour, Ulysse toujours
rusé employa un sûr moyen pour le forcer à se trahir ; il étala aux yeux d'Achille & de ses

(1) Ciceron. Verrin 4. c. 21.   (2) Pausan. l. 7. p. 597.

compagnes , diverſes armes mêlées à d'autres préſens qui convenoient à des femmes , & ſon projet lui réuſſit ; car Achille vit à peine un bouclier, un caſque, une lance , que , rougiſſant de ſa foibleſſe , il déchira ſa robe, ſaiſit le bouclier & ne reſpira plus que les combats.

Déïdamie , fille aînée de Licomede , n'ignoroit cependant pas le ſexe d'Achille ; déja elle portoit dans ſon ſein le fruit de leur amour clandeſtin , c'étoit Pyrrhus à qui dans la ſuite elle donna le jour ; plus intéreſſée que ſes ſœurs à conſerver ſon amant, elle ne put cacher ſa frayeur , & c'eſt elle qu'on voit ſur notre marbre agenouillée , embraſſant les genoux de ſon cher Achille.

La barette fait reconnoître Ulyſſe ; on y diſtingue auſſi le jeune Diomede ſon compagnon , qui pour enflammer plus ardemment le courage d'Achille , tire le glaive & ſemble ſe diſpoſer au combat.

La ceinture qu'Achille écarte , déſigne l'ornement propre au coſtume qu'il portoit parmi ces femmes ; elles ſont dans notre marbre au nombre de ſix, dont l'une tient une lyre. Sur une autre bas relief de la Villa - Pamphili , repréſentant le même ſujet traité d'une maniere diffé- rente , on voit ſculptées juſqu'à neuf femmes ; mais les Mythographes n'ont pas déterminé le nombre des filles de ce Roi. L'on peut confronter au reſte notre marbre avec le commence- ment de l'Achilléïde de Stace , & avec un tableau dont le ſujet eſt le même , & décrit par Philoſtrate le jeune. On appréciera alors cette gravure, qui ſeroit bien plus précieuſe encore , ſi en la réparant, elle n'eut pas été altérée en quelques parties par des artiſtes ignorants.

V I I I.

Le huitieme ſujet repréſente un bas relief expliqué dans le quatrieme chapitre de ce traité auquel je renvoie le lecteur.

I X.

La pierre gravée avec le nom du graveur Teucer , eſt également expliquée dans le traité.

PRÉFACE.

Je me crois obligé de rendre compte à mes Lecteurs : 1°. Des motifs qui m'ont déterminé à entreprendre cet ouvrage : 2°. Des monumens que j'y ai inférés : 3°. Enfin de la méthode que j'ai obfervée dans l'examen de ces mêmes monumens.

Deux motifs m'ont décidé : 1°. L'infuffifance des recherches qui jufqu'ici ont été faites, même par des Savants, fur la fculpture des Anciens : elles ne comprennent à-peu-près que ces monumens qu'il étoit facile d'expliquer : fi quelques-uns font obfcurs, on a négligé de les éclaircir & de pénétrer l'érudition cachée fous leur emblême ; la beauté du travail & l'élégance du deffin ont feules fixé l'attention.

Parmi ces Auteurs, on peut compter le Boiffard & Bellori qui, plus que les autres, ont publié des deffins des anciens bas reliefs ; Montfaucon encore, pour avoir voulu trop embraffer, femble n'avoir rien faifi ; tout ce qui tomboit fous fes mains étoit récueilli ; il a entaffé fans goût & fans choix le beau, le médiocre, le facile, le difficile ; de maniere que dans fes deffins, le bon fe trouve confondu avec le foible pour ne pas dire davantage, & le difficile auffi légérement difcuté que le facile.

Le fecond motif qui m'a déterminé à cette entreprife eft plus puiffant encore ; en effet, l'étude des anciens monumens fournit les moyens d'éclaircir & de corriger un grand nombre de paffages des anciens Auteurs, bien plus facilement que la lecture des livres manufcrits ; ainfi, même en écartant les regles & les principes de l'art, le deffin a de grands avantages, puifqu'en s'appliquant à connoître les fujets qu'il traite, on peut parvenir à entendre les Ecrivains des temps les plus reculés.

Après les travaux immenfes de tant de Critiques habiles dans ce genre, après avoir comparé les Auteurs entre eux, après avoir revu tant de manufcrits qui nous reftent, c'eft en effet le feul fecours que nous puiffions employer pour entendre différens paffages, & faire de nouvelles découvertes fur les mœurs & les coutumes des Anciens. Il faut obferver d'ailleurs qu'il exifte dans nos bibliothéques publiques très-peu de vieux manufcrits, où les propres expreffions des Auteurs nous ayent été fidélement confervées, & que le très-petit nombre a été tant de fois corrigé & retouché par les Savants, qu'il reffemble à préfent, fi j'ofe le dire, à des limons preffés & fans fuc.

Quant aux monumens que je publie, & qui confiſtent en ſtatues, en bas reliefs de marbre & de terre cuite, en gravures & en peintures antiques, je peux
les préſenter comme nouveaux, puiſque la plus grande partie n'eſt pas connue :
en effet, ſi dans le nombre quelques-uns ont déja paru, l'on peut aſſurer cependant que leurs Editeurs ne les ont pas compris, puiſqu'ils n'ont pas cru
même devoir propoſer leur opinion. Telles ſont les noces de Thétis & de Pélée,
n°. 110. la fable de Protéſilas & de Laodamie, n°. 123. & la mort d'Agamemnon, n°. 148.

Ces monumens ſont précieux, d'abord à cauſe des Sujets, en ſecond lieu par
la beauté de leur deſſin. Quant aux Sujets, on peut dire qu'ils renferment preſ-
que toute la Mythologie des Dieux, l'hiſtoire héroïque & fabuleuſe, & en par-
ticulier les principaux événemens de l'Iliade & de l'Odyſſée ; ou plutôt ce qui
arriva aux héros Grecs pendant la guerre de Troye, & depuis qu'elle fut termi-
née, juſqu'au retour d'Ulyſſe à Itaque ; tous ces Sujets occupent la premiere
& la ſeconde partie de cet ouvrage. La troiſieme qui, ſuivant par ordre, ap-
partient à l'Hiſtoire Grecque & Romaine, offre moins de monumens, parce
qu'il en exiſte très-peu. Enfin la quatrieme partie où je traite des cérémonies,
des coutumes & des arts des Anciens, fournit une quantité prodigieuſe de re-
marques, qui juſqu'ici nous manquoient ſur cette matiere, & qu'on ne con-
noiſſoit point par ce qu'en diſent les anciens Auteurs. Enſuite dans le choix
j'ai plus conſidéré l'importance des Sujets, que la beauté du deſſin ; ſi j'avois
en effet voulu m'étendre & recueillir ces monumens qui n'ont pas encore été
publiés, & dont tout le mérite conſiſte dans le deſſin & l'élégance du travail,
j'aurois pu doubler les volumes de cet ouvrage.

Pour l'art du deſſin, j'ai raſſemblé dans mes recherches beaucoup d'eſſais des
ouvrages faits en tout temps, par les peuples qui ſe ſont diſtingués dans cette
partie ; on y trouvera les ouvrages des Grecs, juſqu'à la décadence de l'art
chez ces peuples ; le dernier eſt le monument ſépulcral du gladiateur Bato,
travaillé du temps de Caracalla & rapporté au n°. 199. Ainſi une collection
auſſi abondante, & les notions que j'ai tirées de beaucoup d'autres monumens,
m'ont mis à portée de hazarder, dans le traité ſuivant, quelques opinions ſur
l'art des Egyptiens, des Etruſques & des Grecs ; c'eſt peut-être un moyen
de ſe procurer des connoiſſances ſyſtématiques, ſur l'art de ces anciens peuples.

Le point principal cependant dont je crois devoir rendre compte au Lecteur,
eſt la méthode que j'ai employée dans l'explication des monumens dont je

parle; je me fuis à cet effet prefcrit deux maximes. La premiere, c'eft de ne pas fuppofer que les Anciens fe font occupés à exprimer des fujets oifeux, mais au contraire des traits tirés de la Mythologie & de la Fable; la feconde, d'appliquer en conféquence la Fable & la Mythologie à ces fujets, & de tâcher de découvrir à laquelle des deux ont rapport ceux que je préfente.

La premiere maxime, de ne pas fuppofer que les fujets repréfentés dans les ouvrages anciens font oifeux, c'eft-à-dire, fans objet déterminé & connu, je ne dis pas de nos jours, mais chez les Anciens, n'eft à la vérité, qu'une hypothéfe de ma part; on peut la regarder comme un acheminement à la feconde maxime beaucoup plus certaine; quoique je ne prétende pas foutenir que les anciens Artiftes ayent toujours eu les mêmes vues que je leur prête, puifque beaucoup de leurs ouvrages nous prouvent le contraire, & ne nous offrent que des traits fantaftiques & qui n'ont aucun rapport à l'hiftoire; mais dans les morceaux où l'on ne trouve point ces traces de pure invention, j'ai éprouvé qu'il étoit néceffaire, pour ne pas dire davantage, de s'en tenir à la premiere maxime, jufqu'à ce que le contraire paroiffe clairement démontré; parce que rarement, dans les Sujets intéreffants, nous fommes induits en erreur par la regle que je propofe; on peut le dire avec confiance des monumens où l'Artifte ne laiffe point appercevoir des marques trop certaines de fantaifie, en repréfentant des idées bizarres: il eft alors plus probable qu'il a fait choix d'un fujet déja connu & traité avant lui, & qu'il n'a point inventé des chofes fymboliques & fans aucun rapport avec des objets déterminés.

Pour expliquer ma propofition, on peut choifir par exemple dans les monumens qui nous reftent en grand nombre, une figure de femme répétée fur plufieurs pierres (1): elle fe difpofe à vuider un vafe au pied d'un tronc; nous pourrions fuppofer qu'elle repréfente une de ces femmes, qui verfoient de l'eau ou quelquefois du miel (2) fur le tombeau de leurs parents; de même on pourroit prendre pour un tombeau ce qui n'eft qu'indiqué fur le tronc; ces femmes fe nommoient Εγχύτριαι (3), Εγχυτριϛριαι (4), de χύτρα, *vafo pentola*, & l'eau qu'on verfoit fur le tombeau, s'appelloit Απόνιμμα (5) Χοα (6) & χύτλας (7); de jeunes garçons rendoient ordinairement cet honneur à d'autres jeunes garçons de leur âge, &

---

(1) Defcript. des pier. gr. du cab. de Stofch. p. 310.
(2) Euripid. Iphig. Taur. v. 634.
(3) Schol. Ariftoph. Vefp. v. 288.
(4) Suid. γ. Εγχυτρις.

(5) Athen. Deipn. l. 9. p. 409.
(6) Id. l. 12. p. 522. f.
(7) Apollon. Argon. l. 1. v. 1075. l. 2. v. 928.

pareil ufage s'obfervoit parmi les jeunes filles. Voilà pourquoi l'on voyoit fymboliquement au tombeau d'une vierge, la figure d'une autre vierge gravée avec
un vafe à la main (1). Ce fut autrefois mon fentiment, en cherchant à éclaircir
ce que fignifioit une pareille figure repréfentée fur une pierre du Mufée Strozzi
(2). Elle pourroit paffer pour la jeune fille que je fuppofe, à caufe du vafe qu'on
lui donne fur quelques tombeaux ; je ne veux cependant pas foutenir cette
opinion à la faveur de la maxime que j'ai pofée ; fur-tout lorfque je me rappelle
combien ces fujets peuvent recevoir d'interprétations différentes, & combien
ils peuvent fuggérer d'idées aux Artiftes, pour embellir & enrichir les traits que
fourniffent la Fable & l'Hiftoire des héros. En y réfléchiffant, je croirois vo-
lontiers que par les figures de femmes repréfentées au pied d'un tronc fépulcral,
& occupées à vuider un vafe, on a voulu indiquer Electre, fille d'Agamemnon,
qui s'acquitte des devoirs funéraires fur le tombeau de fon pere, telle enfin
que nous la dépeignent Efchile & Sophocle (3).

Qu'on admette cette premiere maxime de la méthode que j'ai obfervée, de
ne point fuppofer que les Anciens ont figuré fur leurs monumens des fujets fantaftiques ; alors on demeurera plus convaincu de mon autre maxime, c'eft-à-dire,
que dans ces mêmes monumens on a repréfenté quelque fujet tiré de la Fable
ou de l'Hiftoire des héros. Il eft à propos de démontrer : 1°. L'évidence de cette
maxime : 2°. Son utilité : 3°. De réfuter les objections qu'on pourroit propofer.

Son évidence frappera, fi l'on confidere que Simonides appelle la peinture
une poéfie muette (4), & que, felon Platon, la Fable (5) eft fon effence ; ainfi
l'Artifte, pour agir en Poëte & donner plus de carriere à fon enthoufiafme, devoit, comme ce dernier, choifir de préférence les fujets fabuleux. En fecond
lieu, tous les doutes doivent s'évanouir en lifant dans les anciens Auteurs les
defcriptions des fculptures & des peintures qui ornoient les temples, les édifices
publics & particuliers ; qu'on examine enfin avec attention les ouvrages qui
nous font reftés, je parle des monumens intéreffants, dont tous les fujets font
empruntés de la Fable ou d'Homère. Horace nous en donne une des raifons
dans ces vers :

. . . . Tuque
Rectiùs Iliacum carmen deducis in actus,
Quàm fi proferres ignota indictaque primus.
Art Poét. v. 128.

(1) Athen. Deipn. l. 13. p. 589. B.
(2) Defcript. des pierr. gr. du cab. de Stofch. L. C.
(3) Æfchil. Choeph. v. 85. 127. Sophoc. antig. v. 435.
(4) Plutarch. p. 100. l. 16. p. 617. L. 30.
(5) Plat. Phædon. p. 13. l. 41.

en parlant des fujets que doit choifir le Poëte , celui fur-tout qui veut compofer des Tragédies. Il lui recommande de mettre plutôt l'Iliade à contribution, que de tirer de fon propre fond : or, je préfume que les Artiftes grecs profeffoient la même maxime, & qu'Horace l'avoit puifée chez eux; ainfi pénétrés de cette vérité, *rectiùs deducis in actus*, les Poëtes & les Artiftes s'attachoient aux fujets tirés de la Fable & des poéfies d'Homère : & difons-le hardiment, non-feulement les Grecs, mais encore les Romains, après qu'ils eurent puifé chez les premiers le goût des beaux arts, apprenoient à leurs enfants à lire Homère, avant même de leur permettre de s'adonner à d'autres fciences ; ceux qui s'appliquoient à la philofophie & à la peinture, favoient ce Poëte par cœur ; voilà pourquoi fes ouvrages étoient la fource commune, où les Auteurs tragiques & les Artiftes puifoient leurs fujets : alors ils étoient fûrs d'être entendus des Auditeurs & des Spectateurs. Les poéfies d'Homère étroitement liées aux autres traditions de la Mythologie, furent enfuite regardées comme le dépôt des connoiffances propres à la Religion ; de-là vint qu'on les enfeigna publiquement dans les écoles, en commençant par l'union du ciel avec la terre. Tout ce fyftême de la Fable , jufqu'au retour d'Ulyffe à Ithaque, appellé *il circolo Mitico* (κύκλος μυθικός) (1) devint le vafte champ où l'art s'exerçoit. Je crois que les Ecrivains qui, traitoient de ce cercle, ou au moins de tout ce que comprend l'Iliade & l'Odyffée, s'appellerent *Cyclii*, du mot κύκλος pris dans ce fens : cette hypothèfe ferviroit alors à éclaircir le paffage d'Horace qui n'a pas jufqu'ici, j'imagine, été compris par les différens Commentateurs ou Interpretes.

> Nec fic incipies , ut fcriptor *Cyclius* olim :
> Fortunam Priami cantabo , & nobile bellum.

Mais revenons à mon fujet. Il eft inconteftable, comme je l'ai déja dit, qu'Homère étoit le grand Maître des anciens Artiftes ; il eft donc abfolument néceffaire d'avoir recours au même Poëte, pour entendre leurs ouvrages & pour diffiper les nuages de l'incertitude.

La maxime que j'ai propofée, & qui n'a pour but que l'explication des traits difficiles, exclut conféquemment les monumens publics élevés en l'honneur des Empereurs ; la plus grande partie de leurs médailles, & celles des autres Rois & des Villes ; parce que fi l'on en excepte quelque fymbole qu'ils expriment

---

(1) Procl. Chreftomath. ap. phot. bibl. p. 521. l. 27.

& qui peut être obſcur, ils font alluſion aux événemens de ces ſiécles, comme les monumens de marbre des Céſars qui retracent leurs actions.

Pour démontrer enſuite l'utilité de cette maxime, il eſt néceſſaire de demeurer convaincu, qu'écartant des anciens monumens les traits de l'Hiſtoire non fabuleuſe, & ſe bornant ſimplement à la Fable, l'eſprit de celui qui les explique ſe trouve réſſerré dans un cercle plus étroit; il parcourt alors avec moins de liberté le vaſte champ des images antiques, & ſe fixe ſur un objet plus facilement qu'un autre qui ſe perd en idée dans l'Hiſtoire des Grecs & des Romains. J'ai bien éprouvé cette vérité, lorſque cherchant à découvrir le ſujet d'un fragment d'un bas relief rapporté dans cet ouvrage, au No. 127. je me rappellai d'abord l'hiſtoire de Philippe, Médecin, accuſé d'avoir voulu empoiſonner Alexandre le Grand, en lui préſentant un breuvage ſalutaire; ce Roi plein de confiance & lui rendant intérieurement juſtice, avala la potion ſans balancer. Mais le perſonnage qu'on pouvoit prendre pour Alexandre eſt nu comme les héros & ſans diadême, tandis que l'autre figure que je prenois pour le Médecin eſt couverte d'habits: or, la nudité convient-elle à Alexandre & la couronne au ſujet? J'eus recours alors à Homère, & je changeai de ſentiment; il me parut plus probable de ſuppoſer que le prétendu Médecin eſt Neſtor, préſentant pour ſoulagement une coupe de vin à Macaon bleſſé.

En effet, pour avoir voulu juſqu'ici parcourir la carriere trop étendue de la Mythologie & de toute l'Hiſtoire Grecque & Romaine; pour avoir cherché à pénétrer les ſujets de tant d'ouvrages différens des anciens Artiſtes, il eſt arrivé ce qu'on devoit néceſſairement attendre; les explications tirées d'une matiere auſſi abondante, ont fatigué l'eſprit des Savants, de ſorte que toutes leurs ſuppoſitions ſe ſont bornées, en nous dévoilant le ſens myſtérieux de tel ou tel ouvrage, à l'hiſtoire & aux faits qui nous ſont le plus familiers, parce qu'ils ſont plus reçus. Leur exemple a été ſuivi, & Homère & la Fable ont commencé à devenir pour nous des pays inconnus; au milieu de Rome, à l'aſpect des chef-d'œuvres tranſportés dans Rome, nous ſommes naturellement portés à croire les Interpretes, qui ſans peine nous donnent à entendre qu'on a repréſenté des traits de l'Hiſtoire Romaine; alors inſenſiblement ils perdent la connoiſſance de l'heureuſe adreſſe des anciens Artiſtes, à peindre tout autre choſe que ce qu'on imagine.

Ainſi l'enlévement des filles de Leucippus, ouvrage de Dioſcoride, ce trait ſi célébre dans la Fable, rapporté au no. 62. avec toutes les barettes qui diſtin-

guent

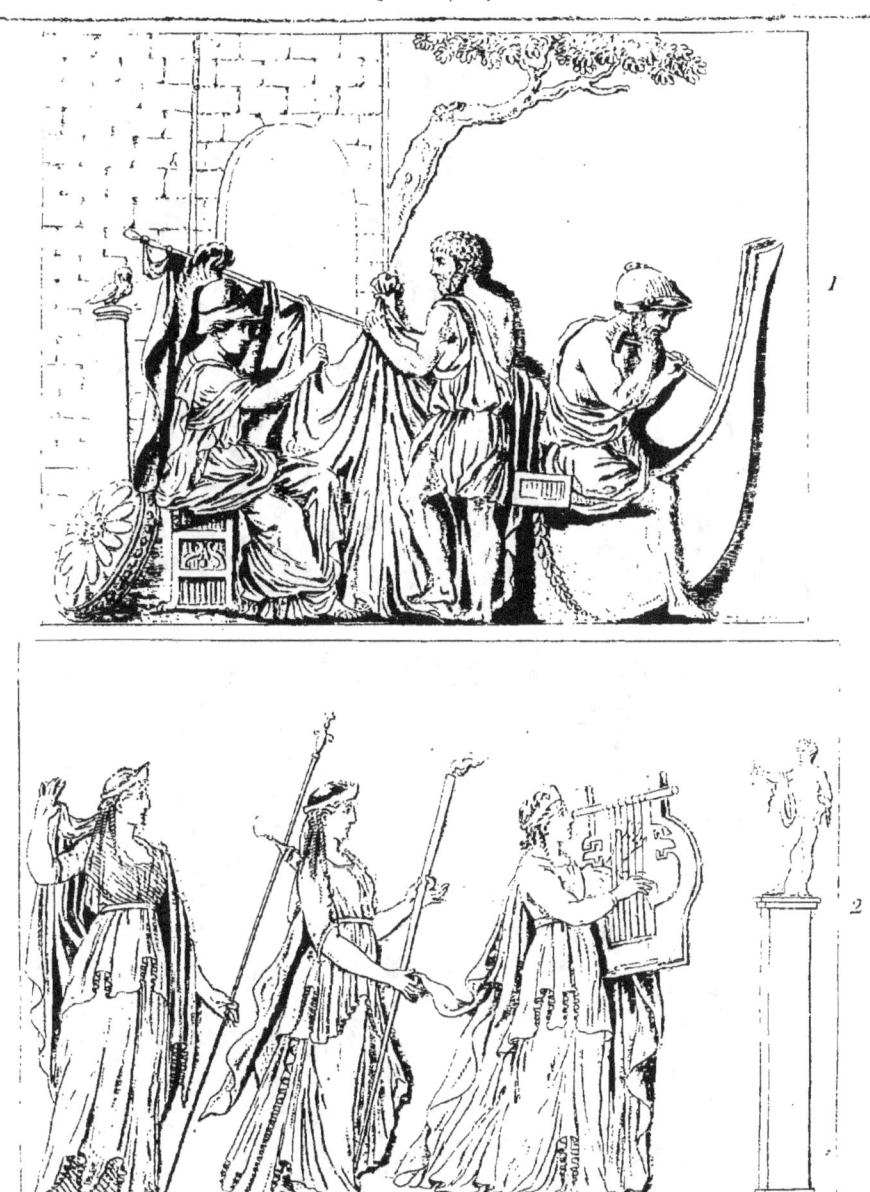

1

2

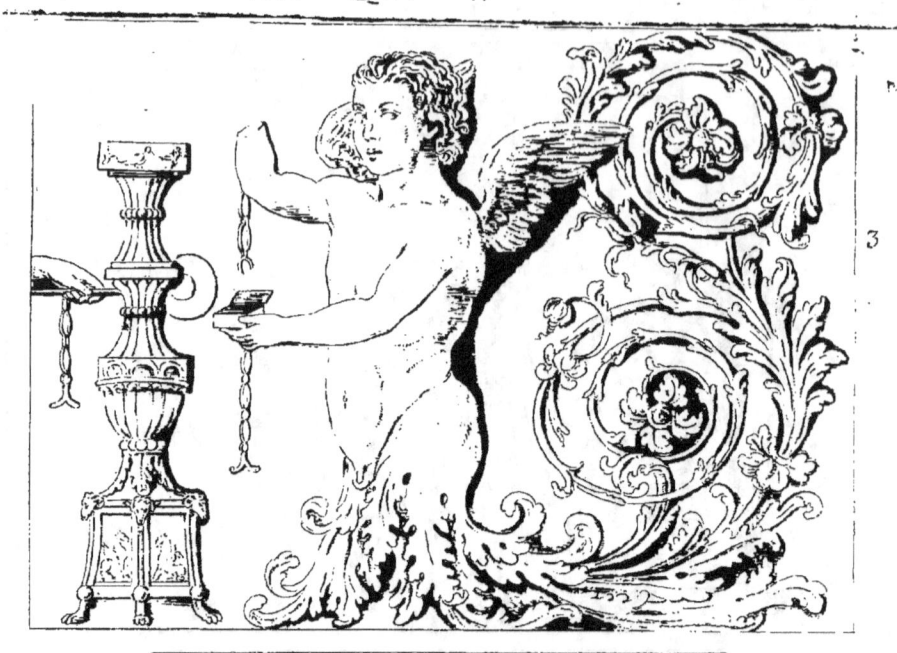

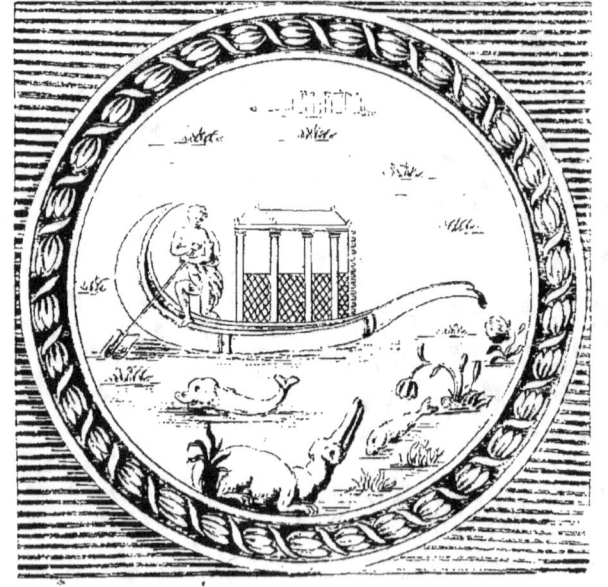

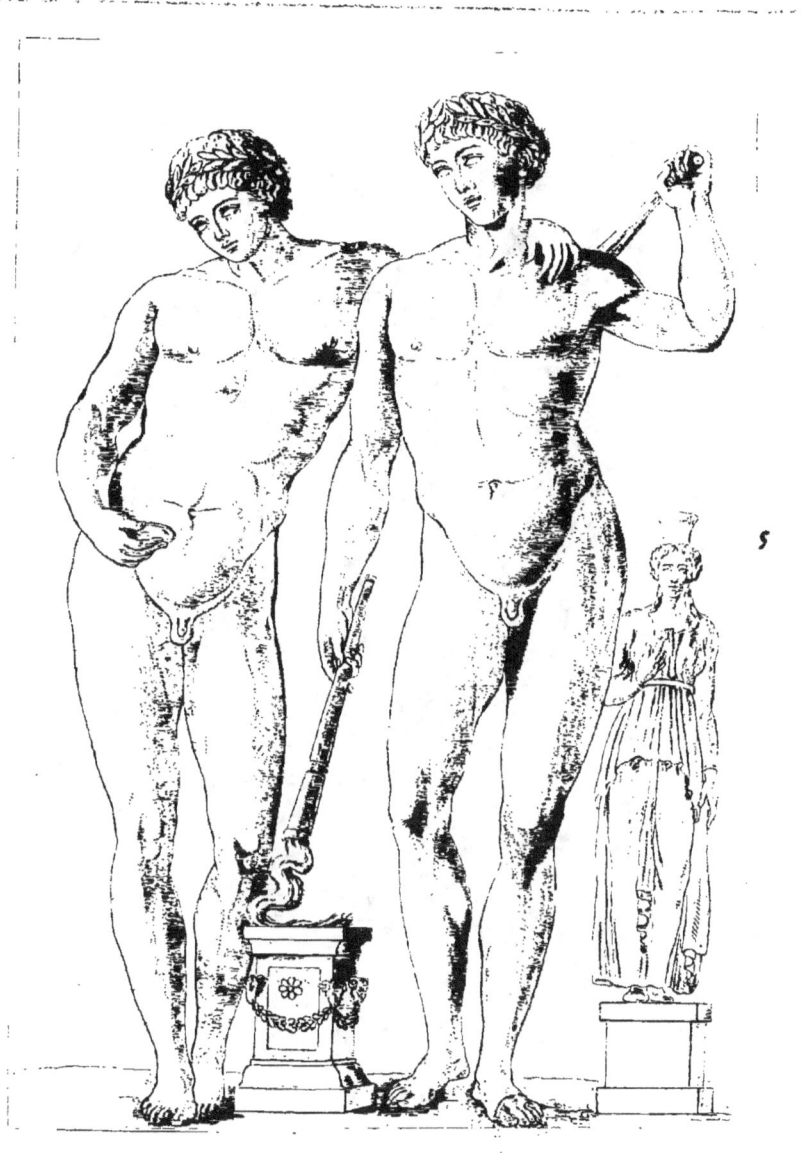

5

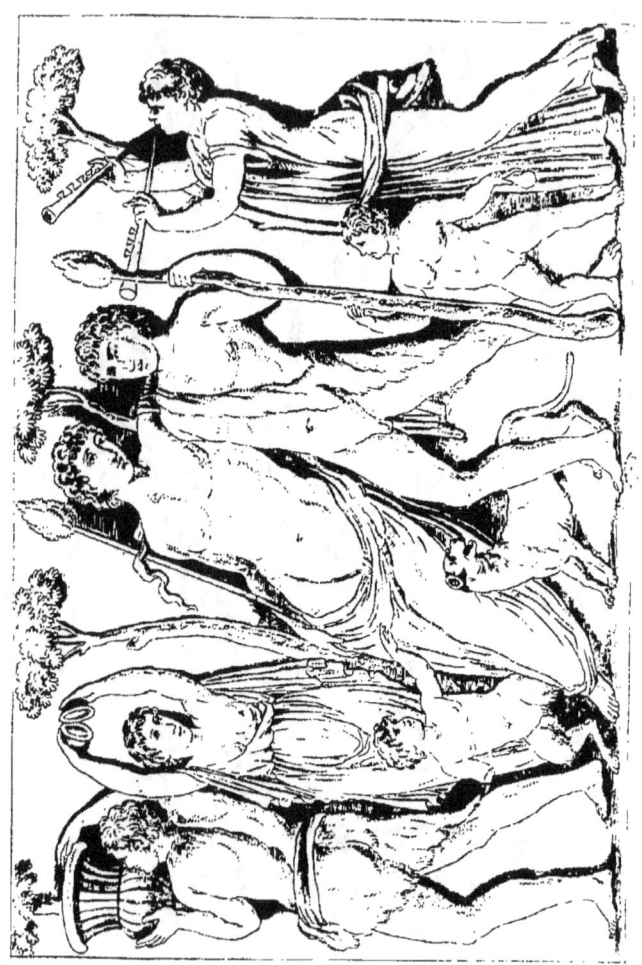

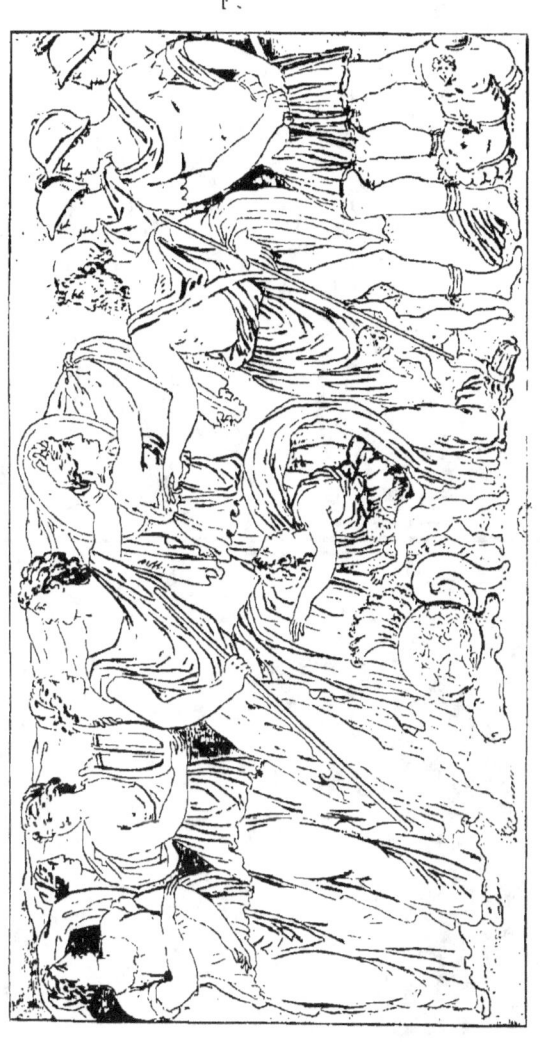

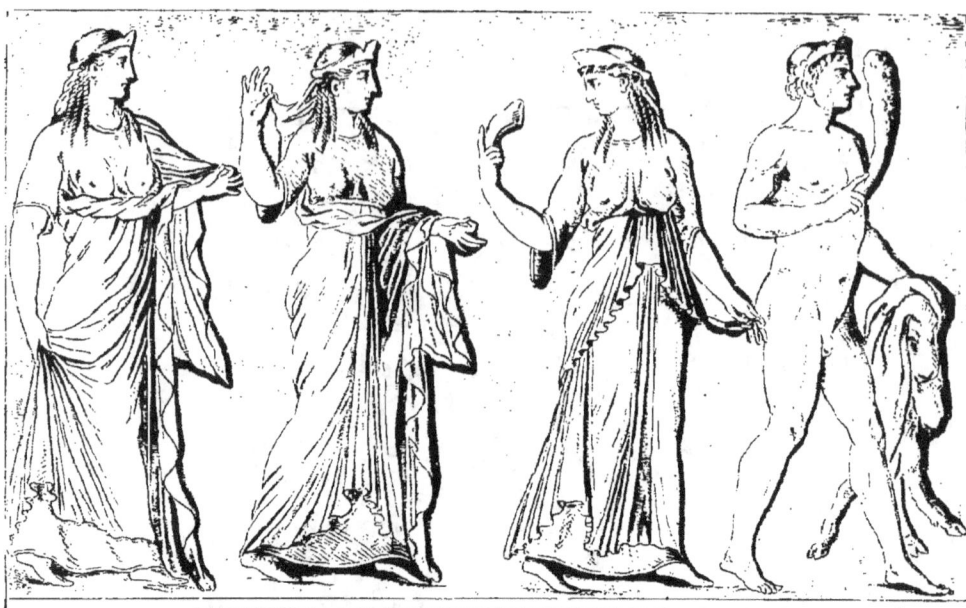

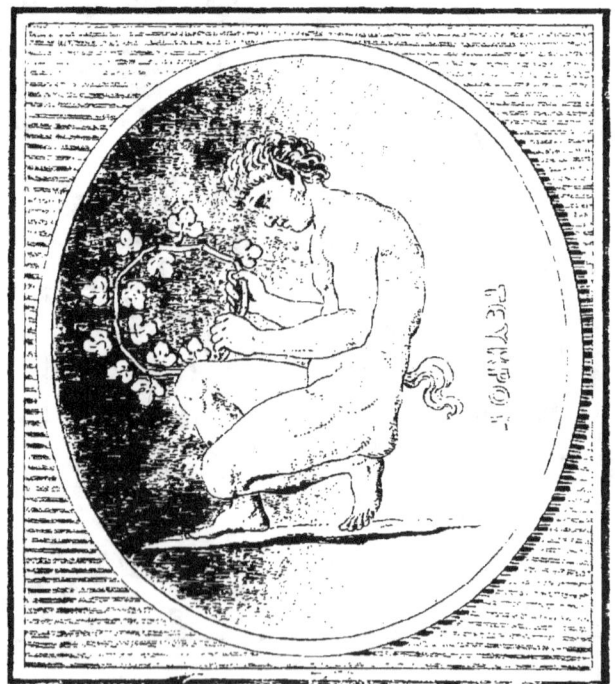